AF119218

BEI GRIN MACHT SICH IHR WISSEN BEZAHLT

- Wir veröffentlichen Ihre Hausarbeit,
  Bachelor- und Masterarbeit

- Ihr eigenes eBook und Buch -
  weltweit in allen wichtigen Shops

- Verdienen Sie an jedem Verkauf

Jetzt bei www.GRIN.com hochladen und kostenlos publizieren

Güde Godbersen, Astrid Niederberger

Amadis: Autor, Leser und Lesarten

GRIN Verlag

Bibliografische Information der Deutschen Nationalbibliothek:

Die Deutsche Bibliothek verzeichnet diese Publikation in der Deutschen National-
bibliografie; detaillierte bibliografische Daten sind im Internet über http://dnb.d-
nb.de/ abrufbar.

Dieses Werk sowie alle darin enthaltenen einzelnen Beiträge und Abbildungen
sind urheberrechtlich geschützt. Jede Verwertung, die nicht ausdrücklich vom
Urheberrechtsschutz zugelassen ist, bedarf der vorherigen Zustimmung des Verla-
ges. Das gilt insbesondere für Vervielfältigungen, Bearbeitungen, Übersetzungen,
Mikroverfilmungen, Auswertungen durch Datenbanken und für die Einspeicherung
und Verarbeitung in elektronische Systeme. Alle Rechte, auch die des auszugsweisen
Nachdrucks, der fotomechanischen Wiedergabe (einschließlich Mikrokopie) sowie
der Auswertung durch Datenbanken oder ähnliche Einrichtungen, vorbehalten.

Impressum:

Copyright © 2004 GRIN Verlag GmbH
Druck und Bindung: Books on Demand GmbH, Norderstedt Germany
ISBN: 978-3-656-49959-6

Dieses Buch bei GRIN:

http://www.grin.com/de/e-book/109533/amadis-autor-leser-und-lesarten

GRIN - Your knowledge has value

Der GRIN Verlag publiziert seit 1998 wissenschaftliche Arbeiten von Studenten, Hochschullehrern und anderen Akademikern als eBook und gedrucktes Buch. Die Verlagswebsite www.grin.com ist die ideale Plattform zur Veröffentlichung von Hausarbeiten, Abschlussarbeiten, wissenschaftlichen Aufsätzen, Dissertationen und Fachbüchern.

Besuchen Sie uns im Internet:

http://www.grin.com/

http://www.facebook.com/grincom

http://www.twitter.com/grin_com

Humboldt-Universität zu Berlin
Institut für Deutsche Literatur
Sommersemester 2003
HS: Amadis aus Gallien
        Der Ritterroman im 16. Jahrhundert

Amadis

Autor, Leser und Lesarten

Astrid Niederberger   /   Güde Godbersen

Inhaltsverzeichnis

Einleitung

Vor der Einführung des Buchdrucks war ein Buch von der Herstellung bis zur Abschrift der Texte reine Handarbeit und so teuer, dass sich selbst Adlige, Kleriker und reiche Kaufleute nur vereinzelt Bücher leisten konnten. Die Einführung des Buchdrucks machte Bücher auch für nichtadlige Kreise erschwinglich. Ausgehend davon und angesichts der Tatsache, dass es sich bei dem *Amadis*-Roman um einen „Bestseller" handelte, der über einen Zeitraum von 55 Jahren in immer neuen Auflagen erschien,[1] soll in diesem Teil der Arbeit zwei Fragen nachgegangen werden. Einerseits, inwiefern der Buchdruck das Lesen auch in Gesellschaftsschichten etabliert, die nicht traditionell als Buchbesitzer in Frage kamen. Andererseits, ob sich die veränderten Lesebedingungen auch auf die Lesart auswirkten, sich also der „Verwendungszweck" von Büchern änderte, denn der *Amadis*-Roman wurde aus einer Zeit, in der die handschriftlichen Werke auf ein festumrissenes Lesepublikum zugeschnitten waren, überführt in eine neue Epoche, in der sich das Buch an den anonymen Leser wendet, der nicht mehr nur einer festgelegten Gesellschaftsschicht angehört.

Leser im 16. Jahrhundert

Die Schätzungen, wie groß die Anzahl der Lese- und Schreibkundigen in Deutschland im 16. Jahrhundert war, schwanken erheblich. Nach Rolf Engelsing gab es im 16. Jahrhundert etwa 400.000 bis 800.000 Lesekundige in Deutschland[2], Hilkert Weddige spricht von 6 bis 7. Mio. Lesekundigen.[3] Genaue Angaben kann man wohl nicht machen, aber es wurde z.B. von der Bevölkerung der Stadt Nürnberg behauptet, dass „ein großer Teil der niederen Volksklassen"' lesen und schreiben konnte.[4] Für Hamburg wurde „die Zahl der Bücher- und Musikalienkäufer um 1600 auf 4000 d.h. auf 10 Prozent der Einwohnerschaft, geschätzt".[5] Insgesamt, so Engelsing, war das Lesen- und Schreibenkönnen in Deutschland also sehr verbreitet. Der hohe Prozentsatz Lese- und Schreibkundiger in Hamburg legt nahe, daß Alphabetismus vor allem ein städtisches Phänomen war. In der Stadt war die Konfrontation mit dem (wenn auch eher billigen) Druckwerk schon nahezu

---

[1] Weddige, 115
[2] Engelsing, 32
[3] Weddige, 115
[4] Engelsing, 32
[5] Ebd., 32

unvermeidlich, auf dem Land aber lebte in den volkstümlichen Schichten die mündliche Tradition weiter. Das gesellschaftliche Zusammensein war auf dem Land erst spät mit Lektüre verbunden. Hier dominierten nach wie vor mündliche Unterhaltungsformen wie Tanzen, Singen oder Geschichtenerzählen.[6] Zeitgenössische Quellen zeigen eine Verbreitung des Alphabetismus auch in Kreisen, die nicht der Oberschicht angehören, z.B. bei Handwerksleuten, und es fällt auf, dass Lesen und Schreiben im 16. Jahrhundert vorrangig für berufliche und politische Zwecke Bedeutung hatte. Zudem sind es immer noch vor allem die Gelehrten und die Oberschicht, die das Lesen und Schreiben für sich nutzen. Zwar werden Handwerksleute erwähnt, aber die ebenfalls erwähnte Existenz von Schreibstuben zeigt einen Bedarf, der nicht gegeben wäre, wenn jeder hätte schreiben und lesen können. [7]

Weitere Hinweise zur Verbreitung des Lesens und Schreibens in Deutschland im 16. Jahrhundert erhalten wir von Luther. Er begründet die Unwilligkeit der Eltern, ihre Kinder zur Schule zu schicken, mit ihrer Befürchtung, dass diese nun nicht mehr Geistliche (die um 1500 einen Anteil an der Gesamtbevölkerung von etwa 20 Prozent ausmachten) werden könnten und somit nicht mehr versorgt seien. Luther propagierte deswegen ein Bildungsprogramm, das „Wissen nicht mehr mit Versorgung, sondern mit Erwerb paarte: ‚Man las sie [...] so mehr leren, damit sie sich erneren.'"[8] Luthers großem Einfluss ist es zu verdanken, dass „in der Tat [...] damals in Deutschland viel in dieser Richtung geschehen" ist. Schulmeister, die Lesen und Schreiben lehrten, wandten sich „ausdrücklich auch an Handwerksgesellen, an Frauen und an Jungfrauen".[9]

Für eine Beliebtheit des Lesen- und Schreibenkönnens spricht auch, dass 1525 das älteste gedruckte Schreiblehrbuch erschien, dem viele weitere folgen sollten. Die Konjunktur von Schreiblehrbüchern – für den Zeitraum von 1525 bis 1609 zählt Engelsing 22 verschiedene Titel auf – erklärt sich auch nach zeitgenössischer Auffassung durch den Zwang der Älteren, mit den jüngeren Generationen Schritt zu halten.[10]

Diese neue Literalität in der Mittelschicht sorgte im 16. Jahrhundert in Deutschland für die Entstehung der „Hausbibliothek des gemeinen Bürgermanns":

---

[6] Chartier, 66
[7] vgl. Engelsing, 33
[8] Ebd., 34
[9] Ebd., 32
[10] Ebd., 35

In Nürnberg gehörten nach Hans Sachs die *Bibel* und andere Bücher zur Kurzweil und zu sittlicher Lehre in die Hausstube, nach Meinung des Verfassers eines Gedichts vom Hausrat, wahrscheinlich Hans Volz´, Betbuch, Chronik, Bibel und Legenden. Etliche bürgerliche Privatbüchereien des 16. Jahrhunderts sind bekannt, so die des 1524 verstorbenen Frankfurter Kaufmanns Klaus Stalberg, so die des 1572 verstorbenen Frankfurter Schneiders und Dielhändlers Hans Schilling, so die des siebenundsechzigjährigen Hans Sachs selbst im Jahr 1562.[11]

Die von Roger Chartier zusammengefassten Ergebnisse über das Lese- und Buchkaufverhalten in Frankreich im 16. Jahrhundert geben genaueren Einblick in die Zusammensetzung der lesenden Bevölkerung:

Eine Untersuchung von Albert Labarre zeigt, dass in der Stadt Amiens im 16. Jh. volkstümliche Buchbesitzer zwar noch in der Minderheit waren, aber bereits 37 Prozent aller Händler und 14 Prozent aller Handwerker Bücher in ihren Nachlässen verzeichnet hatten, sie also mindestens ein Buch besessen haben müssen.[12]

Die Bücherverzeichnisse in den Nachlassverzeichnissen erlauben jedoch nur vorsichtige Rückschlüsse auf das Leseverhalten innerhalb einzelner Schichten. Denn ein möglicher Grund für das seltene Vorkommen von Büchern in den Inventarlisten könnte der sein, „daß der Lesestoff der Ärmeren sich aus den Büchlein zusammensetzt, deren lächerlicher Wert keinerlei Taxierung rechtfertigt."[13]

Im Gegensatz zur Oberschicht besaßen durchschnittlich die Hälfte aller Handwerker und Händler höchstens ein Buch,[14] und auch die thematische Auswahl dessen, was gekauft wurde, variierte im Vergleich zu den Büchern, die die Oberschicht in ihrem Besitz hatte. So besaßen volkstümliche Leser vor allem religiöse Bücher wie Stundenbücher, Bibeln, Breviere oder Messbücher. In den Lagerbeständen der Pariser Buchhändler machte die sogenannte „Devotionalienliteratur" einen Großteil der Bestände aus. So hatte die Pariser Buchhandlung Loys Roger im Jahre 1528 einen Bestand von 98.529 Stundenbüchern bei insgesamt 101.860 Büchern, der Anteil belief sich also auf 96,7 Prozent. Knapp zwanzig Jahre später, im Jahr 1548 machten Stundenbücher immerhin noch 56 Prozent des Lagerbestandes aus. Das religiöse Buch war also die Basis des Verlagswesens im 16. Jahrhundert,[15] an

---

[11] Engelsing, 37
[12] Chartier, 56
[13] Ebd., 75
[14] Ebd., 57
[15] Ebd., 60

zweiter Stelle standen Sachbücher zur Ausübung des Gewerbes (im Französischen bezeichnet als „pourtraictures").[16]

Obwohl Handwerker und Kaufleute mit nur 25 Prozent einen geringen Anteil am Buchbesitz hatten, kann man davon ausgehen, dass sich das Lesen nicht allein an einem nachweisbaren Buchbesitz festmachen läßt.[17] Es wurden nicht nur Bücher untereinander ausgetauscht, man musste nicht einmal unbedingt lesen können, um Zugang zum Gedruckten zu haben. So wurden z.b. die schon erwähnten pourtraictures, d.h. die zur Berufsausübung notwendigen Bücher, kollektiv gehandhabt. Neben dem Eigentümer des Betriebs hatten auch die Angestellten und Gehilfen hier Zugang zum Buch und zum Lesen. Weitere Orte, an denen der Umgang mit Gedrucktem kollektiv gehandhabt wurde, waren religiöse Versammlungen besonders der reformierten Kirchen, die auch Analphabeten den Zugang zum Buch, z.b. durch Vorlesen, ermöglichten, sowie Bruderschaften, deren festliche Handlungen durch Druckwerke begleitet wurden.[18]

Gedrucktes beschränkte sich nicht nur auf gebundene Bücher. Besonders in der Stadt hatte der Leser von 1530 bis 1660 nicht so sehr eine Beziehung zum Buch als vielmehr eine zu bescheideneren und billigeren Druckwerken. Gelesen werden konnten Bilderbogen (beschriftete Wandbilder), Flugblätter, sogenannte „canards" (Sensationszeitungen), die sogenannten „Blauen Büchlein" (vergleichbar mit unseren heutigen Heftchen-Romanen), Almanache (kalendarisch angelegte Bilderbücher) sowie Mischformen der oben genannten Gattungen.[19]

Ein wichtiger Grund für das Bedürfnis, lesen und schreiben zu lernen, lässt sich im deutschsprachigen Raum in der Reformation suchen. „Ickelsamer erklärte 1527 und 1534, lesen können habe sich seit langem nicht so nützlich erwiesen wie jetzt, denn jeder lerne deshalb, damit er Gottes Wort und die Auslegung etlicher Gottesgelehrter selbst lesen und desto besser darüber urteilen könne. [...] Nicht nur in Deutschland, sondern auch in Frankreich und England zeigte sich die aktivierende Bedeutung des religiösen Pluralismus."[20] Diese (wenn auch von der Reformation nicht unbedingt beabsichtigte) belebende Funktion hielt sich, bis auch der Protestantismus eine

---

[16] Chartier, 60
[17] Ebd., 62
[18] Ebd., 64f.
[19] Ebd., 70
[20] Engelsing, 35

dogmatische Lehrmeinung geworden war, „über die sich nur noch staatlich sanktionierte Polemiker stritten und die im übrigen Staatsreligion geworden war"[21]. Dennoch trug die reformatorische Schulpolitik im 16. Jahrhundert in Deutschland erheblich zur Alphabetisierung der Bevölkerung bei. Man kann aber nicht davon ausgehen, dass alle Pläne zur Einrichtung von Dorfschulen tatsächlich in erwünschtem Ausmaß stattgefunden hatten.

In den Städten wurden zahlreiche Lateinschulen gegründet. Sie haben aber nicht die Breitenwirkung gehabt, die man erwarten könnte. In Einklang mit den Vorschriften der spätmittelalterlichen Lateinschulen und studentischen Bursen, die das Deutschreden auch auf den Stuben verboten und mit Geldstrafen ahndeten, erteilten sie nach der Schulordnung Melanchtons von 1528 keinen Deutschunterricht, verboten das Deutschsprechen z.T. regelrecht und untersagten die Aufführung deutscher Spiele zugunsten der Pflege der lateinischen Komödie. [...] Auf der Lateinschule in Goldberg in Schlesien durften sich die Schüler zu der Zeit, in der Wallenstein sie besuchte, niemals unterstehen, Deutsch zu sprechen. Noch ihre Abendunterhaltungen mußten sie Lateinisch führen. [...] unter diesen Voraussetzungen ist es kein Wunder und geradezu anerkennenswert, daß der bedeutende Leipziger Altphilologe Joachim Camerarius[...], sich [...] wie folgt vernehmen ließ: „Ob ich wohl in der deutschen meiner Muttersprache mich sonderlicher fleißiger Übung mein Tage nicht gebraucht, habe ich doch in der Jugend deutsche alte Bücher zu lesen und bisweilen deutsch zu schreiben mich unterfangen und meines Erachtens dennoch soviel begriffen, daß ich auch in ein nicht gar unergründliche Erfahrung dieser Sprache Eigenschaft, Bedeutung der Wort und Gestalt zu reden geraten bin."[22]

Noch 1771 galt das Deutschsprechen und –schreiben als „eine Nebenbahn zur Barbarei"[23]. Dieser absolute Vorrang des Lateinunterrichts führte zu erheblichen Nachteilen. „Kinder des kaufmännischen und handwerklichen Mittelstandes, die etwas mehr Schulbildung erhalten sollten", besuchten die Lateinschulen, hatten „davon aber kaum Gewinn [...], weil der Unterricht ihren Bedürfnissen nicht entsprach. Meist schieden sie mit ungenügenden Kenntnissen wieder aus."[24]
Und so kam es noch in der zweiten Hälfte des 18. Jahrhunderts z.B. in Bremen vor, daß ein Kaufmann, der die Lateinschule besucht hatte und eine städtische Ehrenstelle bekleidete, ‚nur einzeln, nur abgebrochen' lesen konnte und las."[25]
Zudem gereichte es dem Mittelstand nicht unbedingt zur Ehre, wenn deren Angehörige lesen und schreiben konnten. Um 1770 schrieb Carl Zelter in seiner Selbstbiographie: „Wenn ein Handwerker mehr verstand als sein Handwerk, so war

---
[21] Engelsing, 35f.
[22] Ebd., 39f.
[23] Brandes, Ernst in: Engelsing, 40
[24] Engelsing, 41

man sehr geneigt, ihm dies von seiner Gewerbsfähigkeit zu subtrahieren, indem es auf der andern Seite keinem Handwerker schimpflich war, nicht schreiben zu können, weil dem Handwerk selbst alles andere nachstehen mußte.'"[26]

Zu dieser Aussage paßt auch Lautenbachs Gespräch von 1597, in dem der Brillenkrämer, der Geschäfte mit Lesern machte und selbst das *Buch der vier Könige* fleißig studiert hatte, sagte:

> Vil lesen mach die Köpffe toll,
> Meins gleich sich dafür hüten soll.
> So hab ich all mein Tag gehört,
> Je höher glert, je mehr verkehrt."[27]

Dennoch hatten seit Beginn des Buchdrucks im Jahre 1530 deutliche Entwicklungen stattgefunden. Zwar blieb der Analphabetismus weiterhin ausgeprägt, und auch der Buchbesitz war weiterhin vor allem Sache der Oberschicht, aber es bildete sich innerhalb einer relativ kurzen Zeit ein Markt mit Druckwaren für das Volk heraus.[28]

Dieser volkstümliche Zugang zum Druckwerk wurde vor allem durch Medien geschaffen, die durch Bild-Text-Kombinationen auch Analphabeten ein „Lesen" ermöglichten, das ihnen den Zugang zum richtigen Lesen erleichterte.[29]

Das heißt jedoch nicht, dass eine spezifische „Literatur der kleinen Leute" entstand. Die neuen Leser wurden durch billigere Produkte lediglich an Texte herangeführt, die ursprünglich von der Oberschicht gelesen wurden.

Das Phänomen der Massenproduktion von Druckwerken hatte zwei Auswirkungen. Einerseits sorgte sie für eine Entfremdung der Stadt- und Landbevölkerung, andererseits für eine Trennung von Texten in „hohe" und „niedere" Literatur.

Da die Städte „zu Inseln einer anderen, skriptorischen und typographischen Kultur"[30] wurden, an der mehr oder minder die ganze Stadtbevölkerung teil hatte, wuchs die Entfremdung zu der Landbevölkerung, denn diese hatten, abgesehen von der Oberschicht, durch mangelnden Zugang zu Lesbarem ein niedrigeres Bildungsniveau als die Städter. Diese begannen, die Landbewohner

---

[25] Engelsing, 41
[26] Zelter, Carl in Engelsing, 41
[27] Engelsing, 37
[28] Chartier, 88
[29] Ebd., 88
[30] Ebd., 88

geringzuschätzen, welche ihrerseits mit Feindseligkeit auf die Stadtbewohner reagierten.[31]

Der Unterscheidung in hohe und niedere Literatur dagegen entstand dadurch, dass literarische Themen, mittelalterliche und fromme Texte also, an denen die Oberschicht das Interesse verloren hatte, populär wurden. Ungeklärt ist, ob die Texte durch die Vereinnahmung durch volkstümliche Leserschichten in Ungnade fielen, oder ob die in Ungnade gefallenen Texte popularisiert wurden und dadurch einen mehr und mehr deklassierten Stellenwert bekamen.[32]

Jedenfalls bildete sich ein dauerhafter Unterschied zwischen zwei Textsorten heraus. Gebildete Gedanken und Texte blieben in wertvollen gebundenen Büchern weitgehend der Oberschicht vorbehalten, während billig gedruckte Texte, die zur Befriedigung der Neugier des Volkes dienen sollten, zwar von allen Schichten gelesen wurden, aber den volkstümlichen Schichten zugerechnet und entsprechend abgewertet wurden.[33]

Diese Unterscheidung zweier Textsorten führte im 16. Jahrhundert zur Ausbildung von zwei verschiedenen Verlegerstrategien.[34] Es hat sich also nicht das Buchpublikum schrittweise erweitert, sondern es entstanden zwei Wertesysteme, die die Erzeugnisse des Buchdruckhandwerks kulturell klassifizierten und neue kulturelle Grenzen setzen.[35]

Leser und Lesarten des *Amadis* im deutschsprachigen Raum Ende des 16. Jahrhunderts

Leser

Bei dem frühneuhochdeutschen *Amadis* handelte es sich offensichtlich um einen Bestseller, denn die Bücher sind über einen Zeitraum von 55 Jahren in immer neuen Auflagen und Fortsetzungen erschienen.[36]

Die Frage, wer dieses Buch auf welche Art gelesen haben könnte, ist jedoch nur mit Vorsicht zu beantworten. Die Überlieferung von Leserzeugnissen im

---

[31] Chartier, 88
[32] Ebd., 89
[33] Ebd., 89
[34] Ebd., 89
[35] Ebd., 90
[36] Weddige, 115

deutschsprachigen Raum ist auch zum *Amadis*[37] zufällig und vereinzelt, weswegen selbst eine gründliche Untersuchung nur näherungsweise über die tatsächliche Rezeption und die Rezipienten Auskunft geben kann. Zudem gibt es ein Abgrenzungsproblem zwischen Leser und Nichtleser:

> In der Rezeptionsgeschichte des Amadis sind unmittelbare und mittelbare Rezeption nicht klar gegeneinander abzugrenzen. Es gibt ‚eigentliche' Leser, die den Amadis selbst gelesen haben, und es gibt ‚uneigentliche' Leser, die nur über den Amadis gelesen haben. [...] [Jemand,] der Kritik am Amadis übt, wohl gar für dessen Verbot und Verbrennung eintritt, braucht den Gegenstand seiner Kritik keineswegs selbst zu kennen, ihm genügt die Berufung auf eine Autorität. [...] diese mittelbare Rezeption kann [jedoch] wiederum den Anstoß zu einer unmittelbaren gegeben haben – die Tatsache, daß der Amadis so lange ‚im Gespräch' blieb, bot sicherlich auch immer wieder einen Anreiz zur Lektüre des Buches. [...] Als Arbeitshypothese soll zunächst einfach gelten, daß jeder Zeuge, der den Amadis nennt, irgendwo in der Amadis-Tradition steht.[38]

Die Gesamtauflagenzahl des frühneuhochdeutschen *Amadis*-Romans beträgt 70.000 Exemplare, und die Anzahl der Lesekundigen im deutschsprachigen Raum läßt sich nach Weddige auf etwa 6-7,5 Millionen Menschen beziffern. Die Anzahl der *Amadis*-Exemplare auf die lesekundigen Deutschen zu verteilen, ist jedoch keine adäquate Methode zur Ermittlung des *Amadis*-Lesers. Es gibt noch weitere Faktoren zu berücksichtigen, um die Leserschaft einzugrenzen.

Die *Amadis*-Rezeption verteilte sich nämlich nicht gleichmäßig auf den deutschen Sprachraum, sondern konzentrierte sich, abhängig vom Vertrieb des Buches,[39] auf bestimmte deutschsprachige Landesteile. Aber auch das unterschiedliche Leseverhalten in der Stadt und auf dem Land ist, wie die Untersuchungen in Frankreich nahe legen, zu berücksichtigen. In der Stadt war der *Amadis* wahrscheinlich populärer und häufiger anzutreffen als auf dem Land.[40]

Zudem hatte nicht jede lesekundige Familie genug Geld, um sich mehr als ein Buch zu kaufen, und es liegt ausgehend von den von Chartier zusammengefassten Untersuchungen nahe, dass eher ein religiöses oder praktisches Buch gekauft wurde als ein *Amadis*-Roman. Außerdem ist die Wahrscheinlichkeit groß, dass sich Angehörige der Oberschicht wegen ihrer größeren Kaufkraft mehrere *Amadis*-Bücher

---

[37] Im folgenden bezieht sich die Bezeichnung *Amadis*, wenn nicht anders vermerkt, immer auf den frühneuhochdeutschen Roman.
[38] Weddige, 135f.
[39] Ebd., 115
[40] Ebd., 114

kauften und nicht nur eins.[41] Somit spielt also auch die Erschwinglichkeit des Buches eine Rolle.

Die Erschwinglichkeit des Amadis-Romans

Die *Amadis*-Bücher waren je nach Umfang in zwei verschiedenen Preiskategorien erhältlich: die Bücher mit einem Umfang von 500-1000 Seiten[42] kosteten umgerechnet 95 Pfennig, die dickeren mit einem Umfang von 1000-1600 Seiten umgerechnet 165 Pfennig.[43]

Die *Amadis*-Exemplare waren billig, nicht nur im Vergleich zu anderen Büchern vergleichbaren Umfangs,[44] sondern auch im Verhältnis zu den damaligen Lebenshaltungskosten. Der Buchpreis von 95 Pfennig entsprach dem Monatslohn einer Magd, vier Tageslöhnen eines niederen Arbeiters bzw. zwei Tageslöhnen eines Handwerkers. Allerdings waren die Löhne derart niedrig im Vergleich zu den Lebenshaltungskosten, dass der Kauf eines Buches ein Luxus war, den sich gerade mal die untere Mittelschicht leisten konnte.[45] Und auch hier zwang die begrenzte Kaufkraft zur Auswahl, so dass der Kauf eines Buches eine Anschaffung war, die Interesse am Text voraussetzte. Das „Büchersammeln", das heißt das in der Oberschicht übliche Erstellen von Bibliotheken zu Repräsentationszwecken, konnten sich Mittelschichtsangehörige, auch wenn sie lesen konnten, nicht leisten.[46]

Der *Amadis* war also in dem Zeitraum von 1594-1624 trotz seines niedrigen Preises kein Buch für die unteren Schichten, und so kann man die Leserschicht eingrenzen auf die untere Mittelschicht bis zur Oberschicht.[47]

Absatzgebiete des Amadis-Romans

Neben der Erschwinglichkeit des *Amadis*-Romans spielt auch die Verbreitung eine Rolle. Mit dem Buchdruck entwickelte sich die Absatzorganisation für die hergestellten Bücher.[48] Kundenverzeichnisse der großen Buchmessen in Frankfurt und Leipzig geben Aufschluss über die Art des Vertriebs im Feyerabend-Verlag, der

---

[41] Weddige, 114
[42] Buch 1-7, 10-11, 13-15
[43] Weddige, 118
[44] Ebd., 120
[45] Ebd., 118
[46] Ebd., 120
[47] Ebd., 120
[48] Ebd., 120

den *Amadis* herausbrachte, von 1565-1568 und 1590-1597.[49] Aus diesen

Kundenverzeichnissen ergibt sich, dass nur 10-15% der Käufer Endabnehmer

waren, d.h. entweder Gelehrte aus Universitätsstädten und aus dem Frankfurter

Raum, höhere Verwaltungsbeamte oder fürstliche Einkäufer.[50]

Der größere Käuferkreis setzte sich aus Buchhändlern und buchführenden

Druckverlegern zusammen. Diese kamen zu 66% aus den Zentren des Fernhandels

und aus Universitätsstädten[51] und insgesamt zum größten Teil aus dem west- und

südwestdeutschen Sprachraum, so dass man den Leserkreis des *Amadis*-Roman

nun auf finanzkräftige Leser der Mittel- und Oberschicht des west- und

südwestdeutschen Raums eingrenzen kann.[52]

Eingrenzung der Amadis-Leser anhand der Widmungsadressen

Die den *Amadis*-Büchern vorangestellten Widmungen zeigen ein Geflecht von

Verwandtschaftsverhältnissen, die einen Rezeptionskreis markieren.[53]

Angesprochen wurden vor allem Mitglieder des bayerischen Hofs, Württemberg-

Mömpelgards, des pfälzischen und hessischen Hofs, des sächsischen Hofs sowie

der anhaltinischen und schlesischen Höfe.

Auffällig ist, dass die Widmungsempfänger immer miteinander verwandt oder

verschwägert waren,[54] was nahe legt, dass die Verbreitung des *Amadis* nicht allein

über den Buchhandel erfolgte, sondern auch über die Verwandschaftsbeziehungen,

durch die die Höfe verbunden waren.[55]

Die Höfe verkehrten jedoch nicht nur mit anderen Höfen, sie unterhielten oft enge

Verbindungen zu den Universitäten, so dass auch über diesen Weg eine Verbreitung

möglich war.

Auch „nach unten" setzte sich die Rezeption fort. Der Hof bestand ja nicht nur aus

Adligen, sondern es gab auch niedere Hofangehörige, die in den Kontakt mit dem

Amadis kommen und ihn in ihrer Gesellschaftsschicht verbreiten konnten. Ein Beleg

dafür ist das Exlibris eines *Amadis*-Exemplars aus dem Jahr 1575, das als Besitzer

den Kanzleiboten Anton Langhstatt bezeichnet, der das Buch im Jahr 1633 an

Vincentius Hyserus verschenkte. Im Jahr 1635 ging das Buch in den Besitz von

---

[49] Weddige, 120
[50] Ebd., 121
[51] Ebd., 121
[52] Ebd., 122
[53] Ebd., 151ff.
[54] Ebd., 156
[55] Ebd., 156

Wilhelmus Franck über.[56] Dieser interessante Beleg zeigt, dass sich auch in volkstümlichen Gesellschaftsschichten Leserkreise für den *Amadis* gebildet haben konnten.

Ein weiteres Beispiel für die Verbreitung des *Amadis*, die sich ausgehend von den Höfen in niedrigere Gesellschaftsschichten fortsetzte, ist der 1573 gegebene Auftrag des Kurfürsten August an den Hofmaler Hans Schroer. Schroer, der als Maler zur höfischen Unterschicht gehörte, sollte das Schloss Freudenstein mit Historienbildern ausstatten, die den *Amadis*-Stoff zum Thema hatten.[57] Er gehörte zu den Personen, die als Auftragsarbeiter von Hof zu Hof wanderten, also trug auch er zur Verbreitung literarischer Stoffe wie dem *Amadis* bei. Die eben erwähnten Bilder im Schloss Freudenstein inspirierten nun ihrerseits den Dresdner Notar Andreas Hartmann, der ebenfalls nicht zur Oberschicht gehörte, zu seiner ersten Komödie von *Amadis*,[58] von der er sich (erfolglos) eine Anstellung als Hofpoet und Theaterdirektor erhoffte.[59]

Gelehrte Kreise

Einen weiteren Leserkreis bilden die Universitäten und damit die Gelehrten, die mit den Höfen in engem Kontakt standen.

Die Gelehrtenkritik, die, wie später noch zu sehen ist, heftig ausfiel, ist für die Ermittlung der *Amadis*-Leser sehr interessant, da sie einen Aufschluss darüber gibt, welche Personengruppen zu den Lesern gehörten. Kritisiert wurden vor allem jugendliche Adlige, die den *Amadis* lasen statt ihre Schul- oder Universitätsbücher, und adlige Damen, die ihre Bibellektüre für den *Amadis* vernachlässigten.[60] Obwohl auch Ritter im Ruhestand als Leser des *Amadis* genannt wurden, machten wohl die jungen Männer und die adligen Damen einen großen Teil der Leserschaft aus.[61]

Auch die Sprachgesellschaften, die Bildungsbürgertum, Gelehrte und den Adel verbanden, trugen zur Verbreitung des *Amadis* bei,[62] denn alles, was zwischen 1620 und 1660 in der Literatur und Sprachbeschäftigung Rang und Namen hatte, kannte den *Amadis* und setzte sich mit ihm auseinander.[63]

---

[56] Weddige, 154
[57] Ebd., 165
[58] Ebd., 166
[59] Ebd., 169
[60] Ebd., 232
[61] Ebd., 151
[62] Ebd., 229
[63] Ebd., 228

Zusammenfassend läßt sich der typische *Amadis*-Leser also eingrenzen als nach wie vor adliger oder zumindest vermögender Oberschichtsangehöriger aus dem west- oder südwestdeutschen Raum. Als junger Adliger, adlige Dame oder (möglicherweise bürgerlicher) Universitätsstudent hatte er mehr Vergnügen daran, *Amadis* zu lesen als seinen Pflichten (d.h. fleißig zu lernen oder die Bibel zu lesen) nachzukommen. Der andere typische Leser des *Amadis* ist der Gelehrte, der die Unsittlichkeit des *Amadis* kritisiert und die oben erwähnten Leser auf den rechten, d.h. christlich-moralischen Weg zurückzuführen versucht. Obwohl der Buchdruck und damit die Erschwinglichkeit von Büchern wie dem *Amadis*-Roman, besonders aber von billigen Druckwerken, also für eine Ausweitung des Lesepublikums auf die mittleren Schichten sorgte, ist speziell der Buchbesitz im 16. Jahrhundert in der Mittelschicht immer noch keine etablierte Normalität, sondern eher eine Tendenz, die sich erst in späterer Zeit ausweitet.

Lesarten

Von einer Etablierung des Romans wie z.B. dem *Amadis* in der Mittel- oder Unterschicht kann also im 16. Jahrhundert noch nicht die Rede sein. Wie aber sieht es mit der Verwendung von Texten aus? Bedingen die veränderten Produktionsbedingungen, aber auch die Popularisierung des Lesens, z.B. durch erschwinglichere Druckwerke, eine andere Art des Umgangs mit Texten, die sich auf die Art der *Amadis*-Lektüre auswirkt?

> Als Dirck Volckertszoon Coornhert Justus Lipsius attackierte, weil dieser empfohlen hatte, die staatlichen Behörden sollten aufsässige Häretiker hinrichten lassen, war Lipsius tief verletzt. Wohl wahr, er hatte die Behörden dazu aufgefordert, zu brennen und zu schneiden (*ure et seca*). Aber er hatte doch, unterstrich er, von seinen Lesern erwartet, daß sie erkennen würden, daß er einen Ausdruck aus Ciceros *Philippica* benutzt hatte, der sich nicht speziell auf den Scheiterhaufen bezog, sondern generell auf die Notwendigkeit, gegen ernste Krankheiten ernste Gegenmittel – wie etwa die Chirurgie – einzusetzen. Was derlei Vorgehensweisen in der Renaissance zu etwas Neuem machte, war nicht ihr Gehalt, sondern ihr Publikum.[64]

Dieses Beispiel zeigt, wie im 16. Jahrhundert das Lesen, das nicht durch eine „herkömmliche" humanistische Vorbildung vorbereitet und geprägt war, zu erheblichen Missverständnissen führen konnte. Mit dem rein technischen Lesenkönnen war es also nicht getan. Texte waren im 16. Jahrhundert darauf

---

[64] Grafton, 293

angelegt, interpretiert zu werden, und wer dies nicht gelernt hatte und den Text buchstäblich nahm, konnte ihn durchaus falsch verstehen.

Die erste „Leserevolution" der Neuzeit, die zwei unterschiedliche Formen des Lesens hervorbrachte, ist der Übergang vom lauten zum stillen Lesen. Dieser ist nach Chartier und Cavallo weitgehend unabhängig von der technischen Revolution des Buchdrucks im 15. Jahrhundert. Vielmehr ist dieser Übergang zum stillen Lesen in Zusammenhang zu setzen mit der Ablösung des monastischen Modells der Schrift, also der Gedächtnis- und Konservierungsfunktion des Geschriebenen, durch das scholastische Lesemodell, welches den Text als Gegenstand und Werkzeug geistiger Arbeit ansieht.[65] Wichtig ist dieser Übergang zum stillen Lesen, weil dies eine Beziehung zum Geschriebenen herstellt, „die freier, geheimer und völlig innerlich sein kann. Es ermöglicht ein schnelles und gewandtes Lesen".[66]

Die zweite „Leserevolution" fand nach klassischer These erst in der zweiten Hälfte des 18. Jahrhunderts statt: Hier folgt auf das „intensive" Lesen das „extensive" Lesen. Intensives Lesen meint, dass der Leser „mit einem beschränkten und genau umschriebenen, von Generation zu Generation weitergereichten *corpus* von Büchern konfrontiert [war], die er las und wieder las, sich ins Gedächtnis einprägte und rezitierte, hörte und auswendig konnte." Es handelte sich um ein „stark von Sakralität und Autorität" durchdrungenes Lesen, die Bibel war hier die dominante Lektüre.[67] Der extensive Leser dagegen war der von der „Lesewut" getriebene: „Er konsumiert viele verschiedene, auch kurzlebige Druckerzeugnisse; er liest sie begierig und rasch; er unterzieht sie einer kritischen Betrachtung und nimmt von seinem methodischen Zweifel kein Gebiet mehr aus. Ein gemeinschaftliches, aus Ehrerbietung und Gehorsam bestehendes, respektvolles Verhältnis zum Geschriebenen soll so einem freien, unbefangenen und unehrerbietigen Lesen gewichen sein."[68]

Beide Formen des Lesens lassen sich sehr gut in der *Amadis*-Rezeption wiederfinden. Die kontinuierliche Rezeption des *Amadis* am sächsischen Hof zeigt beide Formen des Lesens:

> der Bruder der Widmungsempfängerin des II. Und IX. Amadisbuches, Kurfürst August, holt
> aus Hessen den Maler Hans Schroer nach Dresden, der 1573-74 das Schloß Freudenstein
> mit Amadis-Historien dekoriert. Diese Gemälde regen 1587 Andreas Hartmann zu einer

---

[65] Chartier, Cavallo, 41f.
[66] Ebd., 42
[67] Ebd., 42
[68] Ebd., 42f.

Dramatisierung des Amadisromans an, 1613 wird die Comoedia durch die Laienspieler des Melchior Meyer aufgeführt, und 1678 spielt Velthens-Bande vor einer erlauchten Gesellschaft am Dresdner Hofe abermals eine Tragico-Comoedia vom Amadis, die als Vorlagen das I. Amadisbuch und die Comoedia von 1587 hat. Darüber hinaus finden sich Amadis-Exemplare in der Bibliothek mehrerer sächsischer Fürsten des 16. und 17. Jahrhunderts.[69]

Amadis-Rezeption bedeutete demnach nicht nur (lautes oder stilles) Lesen der Bücher, es wurden Szenen nachgespielt und Ritterspiele veranstaltet. So wurde 1614 in Dessau anlässlich einer Hochzeit, eine sogenannte Invention veranstaltet, in denen sich die Adligen als Figuren aus verschiedenen Romanen, unter anderem dem Amadis verkleideten.[70] Ab 1684 wurden Opern aufgeführt, die auf den Amadis-Büchern basierten.

Untersucht man diese Rezeptionsformen nun daraufhin, wie sich die erste und die zweite Leserevolution auf den Umgang mit dem Text auswirkten, kann man sehen, dass der Amadis-Text nach wie vor die traditionelle Gedächtnisfunktion erfüllte, er bildete die Grundlage für Ritterspiele und Theateraufführungen. Dies läßt auch auf das von Chartier sogenannte intensive Lesen schließen, denn das Nachspielen setzt Kenntnis das Textes und damit Auswendiglernen und Immerwiederlesen desselben voraus.[71]

Sprachgesellschaften

Das intensive Lesen zeigt sich auch daran, wie die Sprachgesellschaften mit dem Amadis umgingen.[72] Diese interessierten sich im Gegensatz zu den Höfen bei der Lektüre des Amadis weniger für die Handlung des Romans als vielmehr für dessen Sprache, da diese als vorbildlich galt. Besonders Martin Opitz rühmte den Stil, die

---

[69] Weddige, 171f.
[70] Ebd., 172ff.
[71] Die Rezeption in Form von Ritterspielen und Aufführungen zeigt jedoch nicht nur eine bestimmte Form des Umgangs mit Lektüre, sondern auch einen gesellschaftlichen Wandel. Der Kriegeradel wurde „verhoft". Konnte man noch, wie der Ritter Suero de Quinones 1434 nach der Amadis-Lektüre in Spanien ausziehen und eine Brücke dreißig Tage gegen alle Feinde verteidigen, blieb den adligen Lesern im 16. Jahrhundert nur das Ritterspiel als Ersatz für die höfischen Turniere. Der Adlige war nun nicht mehr Krieger, sondern Hofmann und hatte sich als Galan zu bewähren. Aus dem Kampfspiel wurde Schauspiel, und dieses diente der Repräsentation der eigenen Machtfülle und Herrschaft. Diese Repräsentationsfunktion blieb auch der Oper erhalten, aber der Herrscher wurde vom Darsteller zum Zuschauer. (Weddige, 293ff.)
[72] Die damals neu entstehenden Sprachgesellschaften entstanden aus einem Glauben an eine ursprüngliche Wort-Ding-Identität, die durch die babylonische Sprachverwirrung zerstört worden sein soll. Nach dieser Auffassung haben sich jedoch Ur- und Wurzelwörter erhalten, die Aufschlüsse über die Geheimnisse Gottes und der Natur erhoffen ließen. Elsässische Späthumanisten sahen die deutsche Sprache als die Haupt- und Ursprache an, weil sie nach der Auffassung der Gelehrten älter als Latein und unvermischter als die romanischen „Bastardsprachen" sei, und so setzten sich die deutschen Sprachgesellschaften und Gelehrtenkreise das Ziel, die Reinheit der deutschen Sprache zu bewahren und wiederherzustellen. (Weddige, 278f.)

spielerische Eleganz, Feinheit und Leichtigkeit, die, so Opitz, den Vergleich mit den anderen Sprachen nicht zu scheuen brauchte.[73]

Die *Amadis*-Übersetzung spielte schon deswegen eine große Rolle, weil sie Opitz zur Legitimierung einer deutschen Kunstprosa diente. Die Dominanz der Lateinschulen[74] führte zu einer Abwertung des Deutschen, die sogar so weit ging, das Deutschsprechen selbst in den Freizeitstunden der Schüler zu verbieten. Indem er das humanistische Eloquentia- und Elegantia-Ideal auf die deutsche Sprache übertrug, schaffte es Opitz, den Gegensatz zwischen deutscher Volksdichtung und lateinischer Kunst zu überwinden und so die deutsche Kunstdichtung zu erfinden – angesichts des schlechten Rufs, den die deutsche Sprache ganz offensichtlich bei den Gelehrten hatte, eine erstaunliche Leistung.[75]

Ab 1660 war aber auch der *Amadis*-Stil aus der Mode und für die Gelehrten nicht mehr akzeptabel oder nur noch historisch interessant, und 1668 gehörte die Beliebtheit der *Amadis*-Sprache bereits der Vergangenheit an.[76]

Gelehrtenkritik

Die Gelehrtenkritik zeigt nun deutlich, wie zwei verschiedene Arten des Lesens aufeinanderprallen. Der *Amadis* löste größten Aufruhr unter den Gelehrten aus, die den *Amadis* und andere weltliche Lektüre als „Weltbuch", „Buhlbuch", „Komplimentierbuch" und allgemein als sündig und weltlich beschimpften. Am deutlichsten drückte sich wohl Hövelen aus, der den *Amadis* mit Ausdrücken wie „schandsüchtige Saurüssel", „stinkende Höllenböcke", „geile Hauen", „unmenschliche Ziegenhuren" und „unnütze Zoten" bedachte.[77]

Die Heftigkeit der Kritik wird verständlich, wenn man berücksichtigt, dass Lesen im 16. und 17. Jahrhundert etwas anderes bedeutete als heute, und dass das alte Verständnis von Texten in Konflikt geriet mit einer neuen Art des Lesens. Dem humanistisch vorgebildeten, konservativen und intensiv lesenden Gelehrten gesellte sich der ungelehrte, extensiv und zum Vergnügen lesende Rezipient hinzu, der sich weniger Gedanken um den tieferen Sinn eines Textes als vielmehr um dessen Unterhaltungswert machte.

---

[73] Weddige., 279
[74] s.o. oder Engelsing, 39ff.
[75] Weddige, 280
[76] Ebd., 281
[77] Ebd., 267

Lesen war ursprünglich Sache der Gelehrten, die gleichzeitig mit dem Lesen und Schreiben eine vorgegebene Form des Umgangs mit dem Text lernten. Texte mussten sich die Student mühevoll erarbeiten.

Zu ihm [dem Sinn des Textes] gelangte der Student durch abgestufte Übungen. Zuerst einmal pflegte der Lehrer das fragliche klassische Dokument Zeile für Zeile zu paraphrasieren. [...] alles wurde gründlich durchgemahlen und als trockne, wenn auch korrekte lateinische Narrative neu verpackt. Erst danach nahm der Leser dieselben Sätze ein weiteres Mal, diesmal langsamer, durch. Bei diesem Durchgang galt es, geschichtliche Individuen und Fakten zu identifizieren, Mythen und Lehren zu erläutern und die Logik von Metaphern aufzuzeigen, wobei die vielen aufgeworfenen Fragen als Vorwand dienten, in jedes denkbare Thema abzuschweifen. So lernte der Schüler, daß Texte keine bloß einheitlichen Geschichten waren, sondern komplizierte Puzzle, deren tiefere Logik der Lehrer mit einem ganzen Bund von Dietrichen zu erschließen hatte.

[...] [Er] lernte, nach Anspielungen Ausschau zu halten und jeden großen Text als einen Resonanzkörper aufzufassen, in dem die vor ihm auftauchenden Wörter Interferenzen mit den Subtexten [...] erzeugten und diese veränderten. Alle humanistischen Autoren erwarteten von ihren Lesern, daß sie diese Kunst des Dekodierens beherrschten..“[78]

Wenn die Studenten dann soweit fortgeschritten waren, dass sie die Texte in Gebrauch nehmen konnten, wurden sie mit der Lektüre nicht allein gelassen. Ein junger Adliger oder Kleriker

stürzte sich nicht ohne Hilfe und nach dem Motto ‚Schwimm oder stirb' auf die Bücher. Vielmehr packte ihm ein humanistischer Experte die Klassiker ein, bereitete sie ihm auf und verwandelte zerklüftete, unhandliche und gelegentlich gefährliche Texte für ihn in uniforme und leicht rezipier- und reproduzierbare Außerungs- und Informationsbrocken. Diese Form des Unterrichtens machte die alten Texte zu etwas durchaus Nützlichem; sie gab dem jungen Leser auch ein Vorbild, an das er sich halten konnte, wenn er in späteren Jahren dieselbe Arbeit als Textbearbeiter aufnahm und zum eigenständigen Leser wurde.[79]

Beim privaten Lesen erfüllte auch selbsterstellte Heft mit Gemeinplätzen, d.h. mit den loci communes, den gleichen Zweck. So empfahl Guarino von Verona seinem Schüler Leonello d`Este in einem Brief:

„halte ein Notizbuch bereit (...) in das Du, was Dir beliebt, eintragen und die von Dir gesammelten Materialien auflisten kannst. Wenn Du dann beschließt, noch einmal die Passagen durchzulesen, die Dich beeindruckt haben, mußt Du keine große Anzahl Seiten durchblättern.“[80]

---

[78] Grafton, 292f.
[79] Ebd., 294
[80] Ebd., 290

Erasmus´ *Adagia*, „jene riesige Sammlung von Sprichwörtern und Kommentaren"
wurde zu „einem Bestseller der nördlichen Renaissance".[81] Dieses und ähnliche
Handbücher „legten fest, wie und in welchem Umfang Schüler im 16. Jahrhundert mit
der Antike in Kontakt kamen. Und sie domestizierten – für die meisten jungen Leser
und für die meiste Zeit -, was anderenfalls zur Herausforderung durch eine nicht-
christliche Geschichte und Moral hätte werden können.[82]

Das Lesen klassischer Texte diente also nicht vorrangig der Erbauung oder
Entspannung, auch wenn diese Form des Lesens durchaus geläufig war. Sondern es
„wurden häufig sehr konkrete Ziele verfolgt – sowohl politische wie intellektuelle."[83]
Das „Gespräch mit dem antiken Text [verfolgte einen] Zweck: Handeln und konkrete
Resultate in der Gegenwart."[84] „Texte der Antike zu lesen konnte in der frühen
Neuzeit [...] ganz offenkundig ein Schachzug in avanciertester zeitgenössischer
Politik sein."[85]

Diese Form des humanistischen Lesens ist aber, und das ist wichtig zum
Verständnis der Gelehrtenkritik, eine gelernte Form. Da es nun immer mehr Leser
gab, die keine humanistische Bildung genossen hatten, die lehrte, nach
Andeutungen Ausschau zu halten, konnte es durchaus zu Missverständnissen in der
Interpretation kommen, so dass ein Aufruf zum „brennen und schneiden" wörtlich
genommen wurde.

Überträgt man dieses Textverständnis auf die Lektüre eines *Amadis*, ist die
Besorgnis der Gelehrten verständlich. Der *Amadis* war nun ja nicht mehr allein
humanistisch Gebildeten vorbehalten, sondern kursierte, wie alle Texte der
damaligen Zeit, zumindest potentiell in allen sozialen Schichten.[86]

Im 16. Jahrhundert hatte man die Vorstellung, ein Buch müsse, wenn es schon nicht
historisch wahr sei, moralische Wahrheiten vermitteln. So schreibt Birken: „wer mit
seinem Buch erbauen will / der muß die Laster bestrafft / und die Tugenden belohnt
beschreiben".[87] Angesichts einer solchen Leseerwartung ist die Kritik am *Amadis*,
der jeder zeitgenössischen Vorstellung von Sitte und Anstand widerspricht, nicht
erstaunlich. Lesen ist ja nicht nur passives Aufnehmen von Text, sondern auch

---

[81] Grafton, 294
[82] Ebd., 300
[83] Ebd., 309
[84] Ebd., 309
[85] Ebd., 310
[86] Chartier2, 406
[87] Grafton, 266

Aneignung: „Dies sogar in zweifacher Hinsicht: einerseits bezeichnet Aneignung die ‚Umsetzung', die ‚Aktualisierung' der semantischen Möglichkeiten des Textes; andererseits weist sie der Textinterpretation eine Vermittlerrolle zu, durch die der Leser zur Selbsterkenntnis und zur Erschaffung einer ‚Realität' gelangen kann.[88]

Besonders das stille

und damit möglicherweise zurückgezogene – Lesen [verbreitete sich] nicht nur in gebildeten Kreisen, sondern auch unter den einfachen Leuten. Das war eine entscheidende Entwicklung. Weil sie den Unterschied zwischen der Welt des Textes und der Welt des Lesers, der beim lauten Lesen immer offensichtlich war, aufhob, und weil sie den Geschichten der fiktionalen Texte eine nie gekannte Überzeugungskraft verlieh, besaß das stille Lesen einen gefährlichen Zauber. [...] Zweifellos erfolgten die zahlreichen Verbote der kastilischen Obrigkeit gegen die fiktionale Literatur im Zusammenhang mit der Furcht, die eine Lesepraktik, die bei den Lesern die Grenze zwischen Realität und Einbildung verwischte [und als solche galt das stille Lesen den zeitgenössischen Autoren], hervorrufen mußte. Im Jahr 1531 verbot ein königliches Dekret die Ausfuhr von ‚Romanzen' und von ‚nichtigen oder profanen Geschichten wie dem *Amadís* und anderen dieser Art' nach West- und Ostindien.

Noch 1555

verlangten die Cortés von Valldolid, daß das Verbot ‚sämtlicher Bücher, die nach dem Vorbild des letzteren, des *Amadís de Gaula,* eine ähnliche Fiktion geschaffen haben, sowie jeder Prosa, aller Gedichte, Liebeskomödien und anderer Trivialitäten' auch auf Spanien ausgedehnt werden solle.[89]

Zwischen dem 15. und 17. Jahrhundert gab es also eine Rivalität zwischen dem lauten und dem stillen Lesen. Auch beim *Amadis* legt die große Beliebtheit der *Amadis*-Schatzkammern nahe, dass auch das laute Lesen durchaus noch geläufig war. Diese Sammlung von Monologen aus den *Amadís*-Büchern, seien es Klagen, Konfliktmonologe oder Ansprachen, dienten keinem anderen Zweck als der Aneignung einer als vorbildlich angesehenen rhetorischen Zierlichkeit.[90] Hier zeigt sich, dass auch beim nichtgelehrten Leser das Buch nicht nur Erbauungsfunktion hatte, die durch extensives Lesen befriedigt wurde, sondern auch die „Handbuchfunktion", die dem Textverständnis des Gelehrten entsprach. Wenn man nun aber den Roman an sich und nicht nur dessen Sprache als Aufforderung zur Nachahmung missverstand, konnte es gefährlich werden: Francois de La Noue, einer der Kritiker, die als repräsentativ für die *Amadis*-Kritik gelten können, griff zum Beispiel die ungestrafte unmoralische Liebe an, die mit einem Begriff von alles überwältigenden Gefühlen verbunden wurde, der den Handelnden von jeglicher

---

[88] Chartier2, 407
[89] Ebd., 411
[90] Weddige, 290

Eigenverantwortung befreit.[91] Außerdem könnte man den *Amadis* als Aufruf zu sinnlosen blutigen Verwandten- und Freundeskämpfen verstehen, und das in einer Zeit, in der tödliche Duelle fast an der Tagesordnung waren.[92] Zudem glaubte man im 16. Jahrhundert an Zauberei, und der Begriff von Zauber im *Amadis* ist indifferent und rechtfertigt jede Art von Magie, statt sie in weiße und schwarze Magie zu unterscheiden.[93] So könnten nach de La Noue die Leser „den Amadis als Zauber-Komplimentier- und Kriegslehrbuch gebrauchen und mißverstehen."[94]

Ursache dieser Missverständnisse ist auch, dass der *Amadis* aus einer Zeit stammt, in der ein Roman genau die handlungsanleitende Funktion hatte, die unter den veränderten Bedingungen zu Schwierigkeiten führte. Der Roman formulierte im Mittelalter das Selbstverständnis, das Verhaltensnorm und die sittliche Wahrheit einer festumrissenen Gesellschaftsschicht, die unter kriegerischen Bedingungen lebte und sich nach unten abzugrenzen versuchte. Nun aber, unter den veränderten gesellschaftlichen Bedingungen, wirkt der Ritterroman „nicht mehr innerhalb eines homogenen Publikums, sondern wendet sich mit dem Aufkommen des Druckes an den anonymen Leser; er lebt noch von der Vorstellungswelt des höfischen Romans, ohne aber in Produktion und Rezeption einer geschlossenen Gesellschaftsschicht anzugehören."[95]

Der *Amadis* wurde jedoch nicht nur aus einem moralischen Standpunkt heraus kritisiert, sondern auch aus einem ästhetischen. Moralische Kritiker wie de La Noue hielten den Menschen für schlecht und forderten, ihm vorsorglich nur Gutes vor Augen zu führen, damit er nicht auf Abwege kommt. Dem ästhetischen Kritiker Pierre-Daniel Huet dagegen galt „die Kenntnis der Leidenschaften [als] die Schule des Unterscheidungsvermögens".[96] Der Roman durfte also ruhig unmoralischen Inhalt haben, solange nur deutlich war, dass dieses Verhalten auch bestraft würde. Für Huet hatte ein Roman bestimmten kompositorischen Regeln zu genügen, und er sollte sittlichen Nutzen haben, indem er der Belehrung des Lesers diente.[97] Der *Amadis* war jedoch abzulehnen, da er die erforderlichen Kompositionsregeln nicht einhielt, so dass er Huet wie der Artusstoff lediglich als Vorstufe des Romans galt. Der *Amadis* war für ihn „sans beauté" und ohne Ordnung, weil die Nebenhandlungen

---

[91] Weddige, 249
[92] Ebd., 250
[93] Ebd., 247
[94] Ebd., 252
[95] Ebd., 269
[96] Ebd., 255
[97] Ebd., 257

nicht unter die Haupthandlung untergeordnet sind.[98] Zudem entsprachen die „vieux romans" nicht „dem sittlichen und gesellschaftlichen Endzweck des Romans."[99] Die ästhetische Kritik kann man schon eher der extensiven Lesart zurechnen. Hier geht es weniger um Inhalte als um die Schönheit und angenehme Lesbarkeit des Textes, und auch Huets Toleranz gegenüber moralisch fragwürdiger Inhalte passt eher zu der kritischen, extensiven Lesart.

Zuletzt gehörten neben der moralischen und der ästhetischen Kritik auch die sogenannten Alamode-Kritiker zu den schärfsten Gegnern des *Amadis*, der ihnen als Prügelknabe für alle Alamode-Sünden herhalten musste. Diese Kritiker lehnten vor allem die höfische Lebensweise ab, aber sie griffen auch an, dass nicht mehr danach gefragt werde, ob etwas gut oder schlecht, sondern nur danach, ob es neu sei.[100] Ihnen galt die Überschreitung der Standesgrenzen, der Luxus der Stände, die Verkennung der nationalen Unterschiede, die Vorliebe für das Ausländische und die Abkehr vom guten Alten, d.h. von Werten wie Einfachheit, Keuschheit, Redlichkeit und Tapferkeit als verwerflich.[101] Sie diskreditierten alles Welsche als unmoralisch, und der *Amadis* galt als Inbegriff der Unsittlichkeit und des Schlechten, das von Frankreich in den deutschen Sprachraum eingeführt wurde. Die Alamode-Kritiker verstanden den *Amadis* also traditionell als ein Buch mit handlungsanweisender Funktion und nicht etwa als fiktionalen, der Erbauung dienenden Text.

Trotz dieser heftigen Kritik, die insgesamt darauf hinausläuft, den Leser zu verstehen als einen, der den Roman wörtlich und als handlungsanweisend versteht, ist Vorsicht geboten, dem Leser eine Lesegewohnheit zu unterstellen, „als bestünde das Spezifische am ‚volkstümlichen' Lesen in der Zergliederung der Texte, im Herauslösen einzelner Fragmente aus ihrem Kontext und im Festhalten an der Buchstäblichkeit der Bedeutung."[102] Vielleicht trifft es sogar zu, dass Leser die gelesenen Texte, auch die abenteuerlichsten wie den *Amadis* wörtlich nahmen, umso mehr, da das stille Lesen die Grenze zwischen Roman und Wirklichkeit zeitweilig aufhob. Aber diese Lesegewohnheit muss deswegen nicht spezifisch für die Unter- und Mittelschicht gewesen sein, sondern konnte im Gegenteil sogar typisch für die gelehrte Oberschicht sein. Denn humanistische Gelehrte nahmen

---

[98] Weddige, 257
[99] Ebd., 257
[100] Ebd., 281
[101] Ebd., 282
[102] Chartier2, 417

zumindest die Kommentare zu den klassischen Texten wörtlich, und es ist durchaus vorstellbar, dass sie einem Text wie den *Amadis*-Roman, der ohne begleitenden Kommentar daherkam, hilflos gegenüberstanden und sie ihrerseits, möglicherweise mehr als der unbefangene Leser, dazu neigten, das Gelesene wörtlich, sozusagen als Aufruf zur Unsitte und Barbarei misszuverstehen, weil sie nie gelernt hatten, selbstständig mit einem Text umzugehen.

Es war diese Art des Lesens, welche die Gelehrten in Aufruhr versetzte. Sie mussten aus ihrer Perspektive davon ausgehen, dass der Leser, die die Gelehrten aus dem eigenen Unterricht kannten. Was sie nicht berücksichtigten, war die zwanglose Art des Lesens, die gleichberechtigt neben der anderen existierte und die Romane als entspannende Lektüre ansah, „als tragbares Fluchtwerkzeug, um allerlei Problemen zu entkommen. Nicht zum Nachdenken regten sie an, sondern zum Träumen – und dienten [...] als Unterhaltung, in die sich der Leser verlieren konnte."[103]

---

[103] Grafton, 266

Zusammenfassung

Die Leserschaft von Büchern, insbesondere des *Amadis,* sind also auch im 16. Jahrhundert noch meist adlig oder entstammt zumindest zu einem überwiegenden Teil der Oberschicht. Der Leser des *Amadis* lebte höchstwahrscheinlich im west-südwestdeutschen Raum, und wenn er nicht als Adliger an einem Hof lebte, war er vermutlich ein wohlhabender Städter.

Interessant an der Rezeptionsgeschichte des frühneuhochdeutschen *Amadis* im 16. Jahrhundert ist also weniger der Leser, sondern vielmehr der Kontrast zwischen dem offensichtlichen Erfolg des *Amadis* bei den Lesern und einer ebenso heftigen Kritik seitens der Gelehrten. Dieser Aufruhr läßt auf einen neuen Umgang mit dem Text schließen, der in Konflikt geriet mit einer traditionellen Auffassung von dem, was ein Roman zu sein hat. Die Gelehrten kritisierten die „Weltlichkeit" des *Amadis* vor dem Hintergrund einer alten Vorstellung, nach der ein Buch im weitesten Sinne als Ratgeber zu fungieren habe. Der Leser schien jedoch moderner gewesen zu sein, als ihm der Gelehrte zutrauen mochte.

Man kann in der *Amadis*-Rezeption verschiedene Lesarten unterscheiden. Einmal die Textrezeption in intensiver Form, das heißt in Form von Aufnahme, Aneignung und Nachahmung der Handlung, die eine intensive, wiederholte Auseinandersetzung mit dem Roman voraussetzt. Diesen intensiven Umgang mit dem Text erkennt man einerseits in dem „Nachspielen" der Handlung in Ritterspielen und Theaterstücken, aber in der Erstellung von Wandgemälden, die für das Schloß Freudenstein in Auftrag gegeben wurden.

Andererseits zeigt sich das intensive Lesen in der Popularität der *Amadis*-Schatzkammern, dem Sich-Aneignen also eines bestimmten Sprachstils, der ja auch auswendig gelernt werden wollte. Auch die Sprachgesellschaften beschäftigten sich, indem sie Urwörter und damit Gottes Wort zu entdecken suchten, intensiv mit dem *Amadis.*

Die große Popularität des *Amadis* zeigt nun aber eine andere, neue Form der Lektüre, das extensive Lesen. Der junge Adlige, der seine Schulbücher vernachlässigt, nachts im Bett liest und sogar im Unterricht heimlich den *Amadis* liest, oder die adlige Dame, die ihre Bibel vergißt, aber auch der Ritter im Ruhestand, der es sich abends mit dem *Amadis* gemütlich macht, zeigt den extensiven Leser, der den Roman „spannend" findet und der wenig Wert auf einen „tieferen Sinn" legt.

Das herkömmliche, humanistische Modell vom Lesen, das dem Schüler beibrachte, nach Andeutungen zu suchen und zwischen den Zeilen zu lesen, passte nicht zum *Amadis*-Roman, einem Text, dessen Episoden in einer Epoche mit veränderten gesellschaftlichen Bedingungen jeden Sinnzusammenhangs enthoben waren. Würde man die Handlung des *Amadis* auf „alte", humanistische Weise interpretieren und konsultieren, um für sich Handlungsanleitungen zu finden, so wäre die Sorge der gelehrten Kritiker berechtigt. Der Leser schien diesem Stoff aber durchaus auf gesündere Art und Weise gewachsen zu sein, als der Gelehrte ihm zutrauen mochte. Er las den Text intensiv, wenn es darum ging, sich in die „gute alte Zeit" zu flüchten und Ritterspiele zu veranstalten, oder wenn er den modernen Sprachstil nachzuahmen versuchte. Und er las den *Amadis* extensiv, sah ihn im Entspannungs- und Abenteuerlektüre, ohne, wie es die Gelehrten befürchteten, dem Roman einen handlungsanleitenden Sinn zu verleihen, den er nicht hatte. Der ungelehrte Leser bereitete also in seinem unbekümmerten Umgang mit dem Text bereits im 16. Jahrhundert den Boden für die Form des Lesens, die wir heute ganz selbstverständlich als angemessen für die Lektüre unterhaltender Romane ansehen.

Literaturverzeichnis

Amadis. Erstes Buch. Nach der ältesten deutschen Bearbeitung hrsg. von Adelbert von Keller. Stuttgart 1857.

Bumke, Joachim: Höfische Kultur. Literatur und Gesellschaft im hohen Mittelalter. Band 2. München 1986.

Chartier, Roger: Lesewelten. Buch und Lektüre in der frühen Neuzeit. Frankfurt 1990.

Chartier, Cavallo: Chartier, Roger und Cavallo, Guglielmo (Hg.): Die Welt des Lesens. Von der Schriftrolle zum Bildschirm. Frankfurt/New York 1999.

Chartier2: Chartier, Roger: "Populärer" Lesestoff und "volkstümliche" Leser in Renaissance und Barock. In: Chartier, Roger und Cavallo, Guglielmo (Hg.): Die Welt des Lesens. Von der Schriftrolle zum Bildschirm. Frankfurt/New York 1999. S. 397-418.

Engelsing, Rolf: Analphabetentum und Lektüre. Zur Sozialgeschichte des Lesens in Deutschland zwischen feudaler und industrieller Gesellschaft. Stuttgart 1973.

Foucault, Michel: Was ist ein Autor?. In: Foucault, Michel: Schriften zur Literatur. Frankfurt am Main 1993, S. 7-31.

Grafton, Anthony: Der Humanist als Leser. In: Chartier, Roger und Cavallo, Guglielmo (Hg.): Die Welt des Lesens. Von der Schriftrolle zum Bildschirm. Frankfurt/New York 1999. S. 263-312.

Hartmann von Aue: Der arme Heinrich. Mhd./Nhd. übersetzt und hrsg. von Grosse, Siegfried u. Rautenberg, Ursula. Stuttgart 2001.

Literatur Lexikon. Autoren und Werke deutscher Sprache. Bd. 1. Hrsg. v. Walther Killy. Gütersloh, München 1988.

Sachwörterbuch der Mediävistik. Hrsg v. Peter Dinzelbacher. Stuttgart 1992.

Schenda, Rudolf: Volk ohne Buch. Studien zur Sozialgeschichte der populären Lesestoffe. 1770 – 1910. Frankfurt am Main 1970.

Schlosser, Horst Dieter: dtv-Atlas Deutsche Literatur. München 2002.

Weddige, Hilkert: Die ‚Historien von Amadis auss Franckreich'. Dokumentarische Grundlegung zur Entstehung und Rezeption. Wiesbaden 1975.